混声合唱のための

奄美諸島の四つの島唄

松下　耕＝作曲

Four Insular Songs of Amami Islands

for mixed chorus

Composed by Ko MATSUSHITA

カワイ出版

混声合唱のための

奄美諸島の四つの島唄

この作品は、1998年の春、4月に完成した作品で、その前年、『八重山・宮古の三つの島唄』を世に送り出してくれた、千葉県の優秀な混声合唱団、『佐倉混声合唱団』が再び私に書かせてくださったものである。この曲の完成で、日本の誇る民族音楽のひとつである『島唄』を、もっともオーソドックスなスタイルである混声合唱の形態に7曲、再構築できたことになり、嬉しく思っている。しかし、当然ながら、同じ『島唄』というネーミングであっても、鹿児島県に属する奄美地方*の民謡は、沖縄のそれとははっきりと異なった独特の旋律を持っているので、前作『八重山・宮古』とこの作品の趣の違いを味わうこともまた、楽しみの一つであろうかと思う。

前作もそうだが、私はこの4曲を合唱に再構築する際、素材となる元の民謡の存在を私なりに理解し、認めた上で、原曲の形を尊重しながら、可能な限りア・カペラ混声合唱の純正な響きが活かされるように作った。これらの曲の中には、ある部分で、完全に東洋的方法論にシフトした考えでもって書かれた部分があり、また一方で、東洋的思考と西洋的なそれとの融合が見られる部分があると思う。そしてそれらはどちらも、おそらく共感をもってわれわれの耳に響いてくるはずである。このことがつまり、合唱の醍醐味の一つであり、また、合唱への再構築の可能性であると思う。

* 奄美諸島とは、奄美大島、徳之島、沖永良部島、与論島等で構成される島々のことをいう。

以下、各曲の簡単な解説を記す。

《さいさい節》

沖永良部の民謡。『さい』とは酒のことで、この唄は酒を勧めるための唄である。歌詞の内容は徹底して明るく楽観的で、笑いを誘う。めでたい雰囲気が言葉の一つひとつ、旋律の端々に表現されている。

《塩道長浜節》

喜界島の塩道という村の、長浜という砂浜で起こった悲劇を歌った哀歌。昔、部落にケサマツという名の美しい娘に恋をした若者が、馬に倒されて死んでしまうという伝説。それ以来、夜になると死んだ若者の亡霊が馬に化けて、浜辺を通る若者を苦しめたという。この曲は難曲であり、高度なソルフェージュ力と表現力、合唱団のバランス感覚が必要である。曲中使用されるvocaliseは、発音記号で表示されており、非常にデリケートな音色変化を求めている。

《沖永良部の子守唄》

沖永良部島で伝承されてきた子守唄、これは『ねさせ唄』である。『泣くな、泣くな、誰が泣けと言ったの。私がお守をしてあげるから、泣くのはおよし』といった、愛情あふれる歌詩の内容と、素朴だが暖かい旋律。

《三京ぬ後》

徳之島の代表的な山である『三京』を歌った民謡。山を歌ってはいるが、そのリズムは、土地柄やはり海洋民的なハイヤ節系である。シンコペーションによるアップビートなアクセント構造は、この曲が日本の舞踊音楽の典型であることを示している。このリズムは『波』のリズムであり、漁労民達の持つリズムであるが、奄美や、沖縄の人々が、この漁労民的、海洋民的リズム感を、もっとも純粋に持っているのである。

日本固有の民族音楽に対する私の思いを、佐倉混声の指揮者、粟飯原栄子さんはとても理解してくださり、約1年あまりという短い期間に、7曲という、まとまった数の作品を完成させることを可能にしてくださった。そして佐倉混声合唱団の皆さんは、卓抜したハーモニーで高水準の演奏をしてくださった。この場を借りてお礼を申し述べさせていただく。

カワイ出版の早川由章氏もまた、私が行っている、民謡の動態保存の実践に対する理解者である。心から感謝の意を表す次第である。

1999年6月

東京・八王子にて　　松下　耕

“Four Insular Songs of the Amami Islands” for mixed voice choirs

These choral compositions were completed in April, 1998. I am very happy that I have been given the opportunity by the Sakura Mixed Choir, an excellent choir from Chiba Prefecture, which had also presented my previous work “Three Insular Songs of Yaeyama and Miyako Islands” the year before. I am glad to have reconstructed seven pieces of ‘shima-uta’ (insular songs), an outstanding genre of Japanese folk music, into the orthodox style of mixed chorus.

Naturally, however, the folk songs of the Amami Islands, which are part of Kagoshima Prefecture, have unique melodies which differ from those of Okinawa, although they are both called by a common term ‘shima-uta’. It is particularly interesting to appreciate the different tastes of these works.

As in my previous works, in reconstructing these four songs into the form of choral music, I tried to retain the just intonation of a cappella mixed voice chorus as much as possible, understand and appreciate the prototypes while paying serious attention to the original styles.

There are some sections in these pieces that are written with an attitude that is completely shifted to an Eastern musicology. On the other hand, there are some parts where the Eastern and the Western influences can be seen in harmony. I hope the listeners will be able to emphasize with both sounds. In short, I think, this is one of the true charms of choral music, and allows the reconstruction.

The following are some brief commentary on each song;

“Sai-Sai-bushi”: a folk song of Okinoerabu. This is a drink-offering song; ‘SAI’means SAKE (i.e. alcoholic beverage). The contents of this song are cheerful and optimistic that lead the audience to laughter. An atmosphere of felicity and happiness is expressed in each word and in the melody here and there.

“Shumichi-Nagahama-bushi” (Song of Nagahama of Shumichi): a lament for a tragedy that occurred on a beach called Nagahama in Shumichi Village, Kikai Island. According to the folklore, there lived a young lad who fell in love with a beautiful village girl, Kesamatsu. He was knocked down and killed by a horse. Thereafter the ghost of the young man appeared in the form of a horse and harassed young people who passed by the beach at night. This is a difficult song that requires a high degree skill of solfeggi and expression and a sense of balance for the choir. The vocalise used in the music is shown with phonetic symbols in order to preserve very delicate alterations in tones.

“Lullaby of Okinoerabu” (Okinoerabu no Komori-uta): this is a ‘Nesase-uta’ (lullaby), a traditional form of lullaby of Okinoerabu Island. The words go“Don’t cry, don’t cry; who told you to cry? I’ll be with you, so don’t you cry”. A simple but tender tune showing deep affection.

“Mikyo-nu-kushi”: a folk song about Mt. Mikyo, a famous mountain on the island of Tokunoshima. Although the motif of this song is a mountain, it has the marine rhythm of ‘Haiya-bushi’, capturing the environment of the island. The upbeat-accent with syncopation indicates that this is a typical Japanese dance music. This rhythm is that of ‘waves’, which is common to fishermen. The people of Amami and Okinawa have the purest sense for these marine rhythms.

June, 1999. Hachioji, Tokyo

Ko MATSUSHITA

Translated by Keisuke HONDA

●委　　嘱：佐倉混声合唱団
演奏初演：1998年5月23日／佐倉市民音楽ホール
《第９回定期演奏会》
指　揮：粟飯原栄子

Comissioned by Sakura Mixed Choir
First Performance: May 23,1998/Sakura Civic Music Hall
Sakura Mixed Chior 9th Concert
Conducted by Eiko AIHARA

混声合唱のための

奄美諸島の四つの島唄

●全曲の演奏時間(初演時)＝約18分

さいさい節
Sai-Sai-bushi

松下　耕 作曲
Music by Ko MATSUSHITA

13
サイ サイ サイ サイ サイ サイ サイ サイ
Sai Sai Sai Sai Sai Sai Sai Sai
サイ サイ サイ サイ サイ サイ サイ サイ サイ サイ サイ
Sai Sai Sai Sai Sai Sai Sai Sai Sai Sai Sai
ゆ ーーー び ーーさ とぅ ー め ーー サイ
Yu - bi Sa - tu - me Sai
サイ サイ サイ サイ サイ サイ サイ サイ サイ サイ サ イ サイ ムチク ー
Sai Sai Sai Sai Sai Sai Sai Sai Sai Sai Sa - i Sai-mu-chi-ku
17
にさんーじゅーぬー くーーるーにー
Ni-sa - n - ju - nu Ku - ru - ni
サイ サイ サイ サイ サイ サイ サイ サイ
Sai Sai Sai Sai Sai Sai Sai Sai
サイ サイ サイ サイ サイ サイ サイ サイ サイ
Sai Sai Sai Sai Sai Sai Sai Sai Sai
ヌディアシバ サイ サイ サイ サイ サイ サイ サイ サイ
Nu-di A-shi-ba Sai Sai Sai Sai Sai Sai Sai Sai
21
しーにーーーやー しーーにやーーちゃ
Shi - ni - - - ya Shi - ni - ya Cha -
サイ サイ サイ サイ サイ サイ サイ サイ サイ サイ サイ サイ
Sai Sai Sai Sai Sai Sai Sai Sai Sai Sai Sai Sai
スリー サイ サイ サイ サイ サイ サイ サイ サイ サイ サイ
Su-ri Sai Sai Sai Sai Sai Sai Sai Sai Sai Sai
スリー サイ サイ サイ サイ サイ サイ サイ サイ サイ サイ サイ
Su-ri Sai Sai Sai Sai Sai Sai Sai Sai Sai Sai Sai

25
p
mf
しゅうー が ーー サイ ササ サイ ササササイ サイ サイ サイ サ イ
shu - ga Sai Sa Sa Sai Sa Sa Sa Sai Sai Sai Sai Sa - i
サイ サイ サイ サイ サイ サササイサイ サイ
Sai Sai Sa-i Sai Sai Sa Sa Sai Sai Sai
サイ サイ サイ サイ サイ サイ サササササイ サササイサイ サイ サイ サ イ
Sai Sai Sai Sai Sai Sai Sa Sa Sa Sa Sai Sa Sa Sai Sai Sai Sai Sa - i
サイ サイ サイ サイ サイ サササイ サイ サイ サイサイ サイ
Sai Sai Sai Sai Sai Sa Sa Sai Sai Sai Sai Sai Sai
29
sub. f
f
サ ーイ サイ サイ サ ー ーイ サイ サイ
Sa i Sai Sai Sa i Sai Sai
ヌディアシバ サイ サイ サイ がに まー さ ーる ー
Nu-di A-shi-ba Sai Sai Sai Ga-ni Ma - sa - ru
サ ーイ サイ サイ サーイ
Sa i Sai Sai Sa—i
サ ーイ サイ サイ サ ーイ サイ サイ サイ ム チ ク ー
Sa i Sai Sai Sa i Sai Sai Sai-mu-chi-ku
サイ ム チ ク ー サイ サイ サイ サイ サイ サ イ サイ ム チ ク ー
Sai-mu-chi-ku Sai Sai Sai Sai Sai Sa - i Sai-mu-chi-ku
34
sub. p
pp
cresc.
サーイ うー ざ ーーき ス リー サイ サイ サイ サイ サイ サイ
Sa—i U - za - ki Su - ri Sai Sai Sai Sai Sai Sai
う ーーざ ーき ー ス リー わ ーちゅ ーー り ー
U - za - ki Su - ri Wa - chu - - - ri
ス リ ー
Su - ri
サイ サイ サーイ サイ サイ サイ ス リー サイ サイ サーイ サイ サイ サイ サイ サ イ
Sai Sai Sa—i Sai Sa-i Sai Su - ri Sai Sai Sa—i Sai Sai Sai Sai Sa - i
ヌ ディーア シ バ サイ サイサイサイサイ サイ サイ サーイ サイサイ サイ ム チ ク
Nu - di A - shi - ba Sai Sai Sai Sai Sai Sai Sai Sa—i Sai Sai Sai-mu-chi-ku

38
f
サイ サイ サイ サイ サイ サイ サイ サイ サイ サイ サイ サイ サイ
Sai Sai Sai Sai Sai Sai Sai Sai Sai Sai Sai Sai Sai
ぬ ー ー ー ま ー ー り ゆ ー み ー ー かなしゃー あ ー ぬ ー
Nu - ma - ri - yu - mi Ka-na-sha - a - nu
サーイ サイ サイ サーイ
Sa—i Sai Sai Sa—i
サイ ムチク サイ サイ サイ サイ サーイ サイ サイ サイ ム チ ク ー
Sai-mu-chi-ku Sai Sai Sai Sai Sa—i Sai Sai Sai-mu-chi-ku
サイ サイ サイ サイ サイ ム チ ク サイ サイ サ イ サイ ム チ ク ー
Sai Sai Sai Sai Sai-mu-chi-ku Sai Sai Sa - i Sai-mu-chi-ku
42
sub. p
p
cresc.
mf
pp
サイ どぅー し ー ーとぅ スリー サイ サイ サイ サイ サイ サイ
Sai Du - shi - tu Su - ri Sai Sai Sai Sai Sai Sai
どぅ ー ーし ーとぅ ー ス リー い ーよ ー ー てぃ ー
Du - shi - tu Su - ri I - yo - - - ti
ス リ
Su - ri
サイ サイ サーイ サイ サイ サイ ス リー サイ サイ サーイ サイ サイ サイ サイ サ イ
Sai Sai Sa—i Sai Sa-i Sai Su - ri Sai Sai Sa—i Sai Sai Sai Sai Sa - i
ヌ ディーアシバ サイ サイサイサイサイ サイ サイ サーイ サイ サイ サイ ム チ ク
Nu - di A - shi - ba Sai Sai Sai Sai Sai Sai Sai Sa—i Sai Sai Sai-mu-chi-ku
46
ff
サイ サイ サイ サイ サイ サイ サイ サイ サイ サイ サイ サ イ サ
Sai Sai Sai Sai Sai Sai Sai Sai Sai Sai Sai Sa - i Sa - - -
い ー ーよ てぃ ー ーの も ー や ー ー
I - yo - ti No - mo - ya
サイ ム チ ク サイ サイ サイ サイ サイ サイ サ イ サ
Sai-mu-chi-ku Sai Sai Sai Sai Sai Sai Sa - i Sa - - -
サイ サイ サイ サイ サイ ム チ ク サイ サイ ム チ ク
Sai Sai Sai Sai Sai-mu-chi-ku Sai Sai-mu-chi-ku

rit.
Tranquillo ♩ = ca. 92
rit.
50
p
pp
ーイ　サイ サイ サ　イ　サイ ムチ ク　ー　ヌディアシバ　ー
– i　Sai Sai Sa - i Sai-mu-chi-ku Nu-di A-shi-ba
ヌディアシバ　サイ サイ　サ　イサイ ムチ ク　ーヌディアシ バ
Nu-di A-shi-ba　Sai Sai Sa - i-Sai-mu-chi-ku Nu-di A-shi - ba
ーイ　サイ サイ サ　イ　サイ ムチ ク　ー　ヌディアシバ　ー
– i　Sai Sai Sa - i Sai-mu-chi-ku Nu-di A-shi-ba
ー　サイ サイ サ　イ　サイ ムチ ク　ー　ヌディアシバ　ー
Sai Sai Sa - i Sai-mu-chi-ku Nu-di A-shi-ba
Andante con grazia ♩ = ca. 84
55
さき ぬー でぃ ーむ ー　は ーーち ーじゅう ー
Sa-ki Nu - di - mu Ha - chi - ju
Humming
は ーーち ーじゅう ー
Ha - chi - ju
スリ
Su - ri
スリ
Su - ri
59
ぬ ーま ーー だ ー　な ーーー む ーーは ち ーじゅう ーー
Nu - ma - - - da - - - na - mu Ha - chi - ju
ぬ ま ーー だ　な ーーー む ー は ち ー じゅう
Nu - ma - - - da - - - na - mu Ha - chi - ju
ー　ぬ まだーな む は ち ー じゅう
Nu - ma-da-na - mu Ha - chi - ju
ー　ぬ まだーな む は ち ー じゅう
Nu - ma-da-na - mu Ha - chi - ju

63
pp
スリー
Su-ri
pp
スリー
Su-ri
p
さきぬでぃーーぬ はーーちーじゅうー まーしーー
Sa-ki Nu-di-nu Ha-chi-ju Ma-shi-
p
Humming
はーーちーじゅうー まーしーー
Ha-chi-ju Ma-shi-
68
pp sempre
Adagio ♩ = ca. 76
まーーしやーーあらーにーー
Ma-shi-ya A-ra-ni
pp sempre
まーーしやーあらーにーー
Ma-shi-ya A-ra-ni
pp sempre
ppp
やー まーーしーやあらに ましやあらに
ya Ma-shi-ya A-ra-ni Ma-shi-ya A-ra-ni
pp sempre
ppp
や まーーしーやあらに
ya Ma-shi-ya A-ra-ni
vocalise(u)
Tempo primo giocoso ♩ = ca. 114
72
sub. sff mf ff
サイ サイ サイ サイ サイ サイ サイ サイ サイ
Sai Sai Sai Sai Sai Sai Sai Sai Sai
sub. sff mf ff
サイ サイ サイ サイ サイ サイ
Sai Sai Sai Sai Sai Sai
sub. sff mf ff
サイ サイ サイ サイ サイ サイ サイ サイ
Sai Sai Sai Sai Sai Sai Sai Sai
sub. sff mf ff
サイ サイ サイ サイ サイ サイ サイ サイ サイ サイ
Sai Sai Sai Sai Sai Sai Sai Sai Sai Sai

塩道長浜節《しゅみちながはまぶし》

Shumichi-nagahama-bushi

松下　耕 作曲
Music by Ko MATSUSHITA

9
p mp p
→[u]
[ɸ]
[y]
エ ー ー ー ー イ ー ー ー ー
E - - - - - i
エ ー イ ー ー ー ー ー ー ー ー
E - i
13
mp p mf sub. mf
[ʃu]
[u]
な ー ー ー ー が は ー ー ー
Na - - - ga - ha -
[o]
しゅ ー ー ー ー み ー ち
Shu - mi - chi
な ー ー ー ー が は ー ー ー ー ま
Na - ga - ha - ma
しゅ ー ー ー ー み ー ち ー
Shu - mi - chi

17
ー ま ー　な ーーー ーん てー ーヨ ーーー ー ハ ー ー ー レー ー ー ヌ
- ma Na - - - - n-te - yo Ha - re - nu
sub. mf p
[o] → [u] [o] → [ɑ] → [o]
sub. mf p
[o] → [u] [o] → [ɑ] → [o] → [u]
ー な ーーー ーん てーーヨ ーーー ー ハ ー ー ー レー ー ー ヌ
Na - - - - n-te - yo Ha - re - nu
sub. mf p
[o] な ーーー ーん て ーヨ ー ハ ーーー ー レ ヌ ー
Na - - - - n-te - yo Ha - re-nu
sub. mf p
[o] な ーーー ーん て ヨ ー
Na - - - - n-te - yo
21
sf mp mp
[ɑ] → [o] [ɔ] →
mf
わ ー ら ーー べ ー ーーー ー な ー ー ー ー ー
Wa - ra - be Na - - - - - -
sf mp p
[ɑ] → [o] [u]
f mp p
[ɔ] [o] [u]
f mp p
[ɔ] [o] [u]
f mp p
[ɔ] [o] [u]

25
p
mf
p
mp
→[u]
[ɑ]
[ɸ]
ーき ー ー
- ki
[ɑ]
[ɸ]
エンヤ
En-ya -
しゅ ーすぃ ーー ーー ーー ーー や ー
Shu - si - - - - - ya
エンヤ
En-ya -
しゅ すぃ や
Shu - si - ya
[ɑ]
[ɸ]
しゅ ーすぃ ーー ーー ーー ーー や ー
Shu - si - - - - - ya
エンヤ ー レー
En-ya - re -
[o]
[u]
しゅ すぃ や
Shu - si - ya
[ɑ]
[ɸ]
29
pp
ト ヨイ
To - yoi
ー レーー ー ヌ ー ト ヨ イ ト ーヨイ ー
- - - re - - - nu To - yo - i To - yoi
ー レーー ー ヌ ー ト ヨ イ ト ーヨイ ー
- re - - - nu To - yo - i To - yoi
エン ヤ ー レー ー ヌ ー ト ヨイ
En - ya - - re - - - nu To - yoi
ー ー ヌ ー ト ヨ イ ト ーヨイ ー
- - - nu To - yo - i To - yoi

32
sf p sf mf
[ɑ] [o] [ɑ] [o]
f p f
[ɔ]
Alto solo
mf
エ イ
E i
36
p pp mf
[ʊ] [u]
エ イ
E i
[ʊ] [u] [o]
エ
E

40
mf
f
mf
sub. f
ー うり ー ー ー ー ー ゆ ー
U-ri - yu
た ー ー ー ー る ー ー ー ゆ ー ー ー い
Ta - ru - - - yu - i -
うり ー ー ゆ ー
U - ri - yu
た ー ー る ー ー ー ゆ ー ー ー い
イ ー ー ー
i
た ー ー ー ー る ー ー ゆ ー ー ー い
44
p
ー ち ー ー ー ー ば ー ヨ ー ー ー ー ー
- - chi - - - - ba - yo
ー ち ー ー ー ば ー ヨ ー ー ー ハ ー レ ー ヌ ー
- - chi - - - - ba - yo Ha - re - nu
ー ち ー ー ー ー ば ー ー ヨ ー ー
- - - - - chi - - ba - yo
ー ち ー ー ー ば ヨ ー ー
- - - - - chi - - ba - yo
ー ち ー ー ー ば ハ ー レ ー ヌ ー ー
- - - - - chi - - ba Ha - re - nu

48
mf
f
あ ー ー ー ーーせ ー ーーー ー は ー ー ー だ ー ぬ ー
A - se - - - ha - da - - - nu
あ ー ー ー ーーせ ー ーーー ー は ー ー ー だ ー ーーー ー ー ぬ ー
A - se - - - ha - da - - - - nu
あ ー ー ー ーーせ ー ー ー ー は ー ー ー だ ー ーーー ー ー ぬ ー けさま
A - se - - - ha - da - - - - nu Ke-sa-ma -
あ ー ー ー ーーせ ー は ー ー ー だ ーーー ー ー ぬ ー けさ
A - se - ha - da - - - nu Ke-sa -
あ ー ー ー ー せ ー は ー ー ー だ ーーー ー ー ぬ ー けさま
A - se - ha - da - - - nu Ke-sa-ma -
あ ー ー ー ーーせ ー は ー ー ー だ ーーー ー ー ぬ ー
A - se - ha - da - - - nu
52
mf
p
sub.p
ー ーーーー
けさま てぃー
Ke-sa-ma - ti
エンヤ ー レー ー ー ヌ ー トヨイ
En-ya - re - nu To-yo-i
ー ーー ー てぃ ー ー ー
- - - ti
エンヤ ー レー ー ヌ ー トヨイ
En-ya - re - nu To-yo-i
ま ーー ー てぃ ー ー
ma - - - ti
エンヤ ー レー ー ヌ
En-ya - - re - nu
ーー ー てぃ ー ー ー ヨイ エンヤ ー ー レー ー ー ヌ ー トヨイ
- - ti - yo-i En-ya - - - - re - nu To-yo-i
ー ー
エンヤ ー レー ー ー ヌ ー
En-ya - re - nu

56
p pp sf p
ha
[ɑ] → [o]
ト ーヨイ
To - yoi
ト ーヨイ ト ーヨイ
To - yoi To - yoi
f
[ɔ]
61
sf mf p pp
[ɑ] → [o]
[ʊ]
mf perdendosi
lunga
ha [ɑ]

沖永良部《おきのえらぶ》の子守歌
Lullaby of Oki-no-erabu

松下　耕 作曲
Music by Ko MATSUSHITA

★+♩の音符は多少高めのピッチで歌う。

14
p lontano
vocalise(a)
18
に ぶ りでぃ どぅ ー い ちゃ ー る ー ー
Ni - bi - ri - di - du I - cha - ru

22 Alt. solo
たがなきでぃー いちよ ー
Ta-ga Na-ki-di I-chi-yo
mp
いちよ いちよ
I-chi-yo I-chi-yo
mp
いちよ いちよー
I-chi-yo I-chi-yo
mp
いちよ いちよ
I-chi-yo I-chi-yo
mp
いちよ いちよ
I-chi-yo I-chi-yo
26
mp
なかなしゅてぃー ふでぃりーー ーはーなぬーわらび
Na-ka-na-shu-ti Fu-di-ri Ha-na-nu Wa-ra-bi
p
vocalise(u)
p
vocalise(u)
p
ー なかなしゅてぃーふでぃり ー わらび
Na-ka-na-shu-ti Fu-di-ri Wa-ra-bi
p
vocalise(u)
30
mp
vocalise(u)
mf
うらがいきゃんなちゃんてぃーー うらうやーぬーききゅみ
U-ra-ga I-kya-n Na-cha-n-ti U-ra-u-ya-nu Ki-kyu-mi
vocalise(u)
vocalise(u)

34
わ ぬ どぅう や ー ー な とぅ てぃー ー ー う ー ら む ー む ゆ る
Wa - nu-du U - ya - na - tu - ti U - ra - mu Mu - yu - ru
mp
vocalise(o)
mp
vocalise(o)
38
mf
い し ぬ う い に み ちゃ う い てぃ ーー み ちゃ ぬ う い に ー は な う い てぃ
I - shi-nu U-i-ni Mi-cha U-i-ti Mi-cha-nu U-i-ni Ha-na U-i-ti
mf
ー い し ぬ う い に み ちゃ う い てぃ ーー み ちゃ ぬ う い に ー は な う い
I - shi-nu U-i-ni Mi-cha U-i-ti Mi-cha-nu U-i-ni Ha-na U-i-
mf
(a)
mf
(a)
42
う り が は な ー ー さ か ば ー ー ー わ ー くゎ に ー く り ら
U - ri-ga Ha - na Sa - ka - ba Wa - kwa - ni Ku - ri - ra
てぃ う り が は な ー さ か ば ー ー ー く り ら
ti U - ri - ga Ha - na Sa - ka - ba Ku - ri - ra

vocalise(a)
vocalise(a)
(o)
(u)
rit.
Adagio ♩ = ca. 60
なくなくな くらひゃぬくゎーー なくなくーなー てぃんぐぬくゎ
Na - ku-na-ku - na Ku-ra-hya-nu-kwa Na - ku-na-ku - na Ti - n - gu-nu-kwa
なくなくな くらひゃぬくゎーー なくな
Na - ku-na - ku - na Ku-na-hya-nu - kwa Na - ku-na -
なくなくな くらひゃぬくゎーー なくなくーなー
Na - ku-na-ku - na Ku-ra-hya-nu-kwa Na - ku-na-ku - na

58
うずめとぅ てぃーーき ち ヨーー ー けーた ちーこ しゅん ど
U - zu-me-tu - ti Ki - chi - yo Ke - ta - chi Ko - shun - do
く なーてぃんぐぬ くゎ う ずめ とぅ てぃーきちヨ ー
ku - na Ti-n-gu-nu - kwa U - zu-me - tu - ti Ki-chi-yo
てぃんぐぬくゎ う ずめとぅ てぃーーき ち ヨーー ー
Ti-n-gu-nu-kwa U - zu-me-tu - ti Ki - chi - yo
p
う ず め と ぅ てぃ き ち ー ヨ ヨ ー
U - zu-me - tu - ti Ki - chi - yo yo
Sop. 2 soli
62
p
vocalise(a)
pp
vocalise(a)
66
pp
vocalise(a)

三《み》京《きょ》ぬ後《くし》
Mikyo-nu-kushi

松下　耕作曲
Music by Ko MATSUSHITA

9
p
ハ ラー ヘィ ヤ ラー ヘィ ハ ラー ヘィ ヤ ラー ヘィ
Ha - ra - hei Ya - ra - hei Ha - ra - hei Ya - ra - hei
し ー やー ー ま ーー な ーーー ん や ー
shi - ya - ma - na - n - ya
ハ ラ ヘィ ヤ ラ ヘィ ハ ラ ヘィ ヤ ラ ヘィ ハ ラ ヘィ ヤ ラ ヘィ ハ ラ ヘィ ヤ ラ ヘィ
Ha - ra - hei Ya - ra - hei Ha - ra - hei Ya - ra - hei Ha - ra - hei Ya - ra - hei Ha - ra - hei Ya - ra - hei
ハ ラ ヘィ ヤ ラ ヘィ ハ ラ ヘィ ヤ ラ ヘィ ハ ラ ヘィ ヤ ラ ヘィ ハ ラ ヘィ ヤ ラ ヘィ
Ha - ra - hei Ya - ra - hei Ha - ra - hei Ya - ra - hei Ha - ra - hei Ya - ra - hei Ha - ra - hei Ya - ra - hei
13
mp
ー ーちゅ ー くい ーーー なきゅー るとぅ りぐゎ ヤ ーーレ ー
Chu - - - ku - i Na - kyu - ru Tu - ri - gwa Ya - re
p
mf
ハ ラ ヘィ ヤ ラ ヘィ ハ ラ ヘィ ヤ ラ ヘィ とぅー りーぐゎーー ヤ ーーレ ク ーヌー
Ha - ra - hei Ya - ra - hei Ha - ra - hei Ya - ra - hei Tu - ri - gwa Ya - re - ku - nu
mf
ちゅ く い ーーー な ーー きゅ るー ハ ラ ヘィ ヤ ラ ヘィ ハ ラ ヘィ ヤ ラ ヘィ
Chu - ku - i Na - kyu - ru Ha - ra - hei Ya - ra - hei Ha - ra - hei Ya - ra - hei
ハ ラ ヘィ ヤ ラ ヘィ ハ ラ ヘィ ヤ ラ ヘィ ハ ラ ヘィ ヤ ラ ヘィ ハ ラ ヘィ ヤ ラ ヘィ
Ha - ra - hei Ya - ra - hei Ha - ra - hei Ya - ra - hei Ha - ra - hei Ya - ra - hei Ha - ra - hei Ya - ra - hei
17
p
mp
ハ ラー ヘィ ヤ ラー ヘィ ー き きゃ
Ha - ra - hei Ya - ra - hei Ki - kya-
p
ー ヘィ ハ ラ ヘィ ヤ ラ ヘィ ハ ラ ヘィ ヤ ラ ヘィ ハ ラ ヘィ ヤ ラ ヘィ
Hei Ha - ra - hei Ya - ra - hei Ha - ra - hei Ya - ra - hei Ha - ra - hei Ya - ra - hei
mf
ハ ラ ヘィ ヤ ラ く い やー き ーー きゃ ーー ー れ ーー ど ーー ー も
Ha - ra - hei Ya - ra Ku - i - ya Ki - kya - re - do - mo
ハ ラ ヘィ ヤ ラ ヘィ ハ ラ ヘィ ヤ ラ ヘィ ハ ラ ヘィ ヤ ラ ヘィ ハ ラ ヘィ ヤ ラ ヘィ
Ha - ra - hei Ya - ra - hei Ha - ra - hei Ya - ra - hei Ha - ra - hei Ya - ra - hei Ha - ra - hei Ya - ra - hei

21
ーれど しがーた みりーー なーらーー ぬ ハラー
-re-do Shi-ga-ta Mi-ri-na-ra-nu Ha-ra-
ハラヘィヤラヘィ ハラヘィヤラヘィ ハラヘィヤラヘィ ハラヘィヘィ
Ha-ra-hei Ya-ra-hei Ha-ra-hei Ya-ra-hei Ha-ra-hei Ya-ra-hei Ha-ra-hei hei
ハラー
Ha-ra-
ハラヘィヤラヘィ ハラヘィヤラヘィ ハラヘィヤラヘィ ハラヘィヘィ
Ha-ra-hei Ya-ra-hei Ha-ra-hei Ya-ra-hei Ha-ra-hei Ya-ra-hei Ha-ra-hei hei
25
ヘーーイヤーーラヘィ ハラーヘィヤーーラ
he-i Ya-ra-hei Ha-ra-hei Ya-ra-
ハラヘィヤラヘィ ハラヘィヤラヘィ ハラヘィヤラヘィ
Ha-ra-hei Ya-ra-hei Ha-ra-hei Ya-ra-hei Ha-ra-hei Ya-ra-hei
ヘーーイヤーーラヘィ ハラーヘィヤーーラ
he-i Ya-ra-hei Ha-ra-hei Ya-ra-
ハラヘィヤラヘィ ハラヘィヤラヘィ ハラヘィヤラヘィ
Ha-ra-hei Ya-ra-hei Ha-ra-hei Ya-ra-hei Ha-ra-hei Ya-ra-hei
29
ヘィ あ まみーーれーーば
hei A-ma Mi-re-ba
ハラヘィヤラヘィ ハラヘィヘィ ハラヘィヤラヘィ ハラヘィヤラヘィ
Ha-ra-hei Ya-ra-hei Ha-ra-hei hei Ha-ra-hei Ya-ra-hei Ha-ra-hei Ya-ra-hei
ヘィ あまーみれーーば
hei A-ma-Mi-re-ba
ハラヘィヤラヘィ ハラヘィヘィ ハラヘィヤラヘィ ハラヘィヤラヘィ
Ha-ra-hei Ya-ra-hei Ha-ra-hei hei Ha-ra-hei Ya-ra-hei Ha-ra-hei Ya-ra-hei

33
や ーー ま ーーーー ぐゎ ー
Ya - ma - gwa
ハ ラ ヘィ ヤ ラ ヘィ
Ha - ra - hei Ya - ra - hei
ハ ラ ヘィ ヤ ラ ヘィ ハ ラ ヘィ ヤ ラ ヘィ ハ ラ ヘィ ヤ ラ ヘィ ヘィ く ま み ーーー
Ha - ra - hei Ya - ra - hei Ha - ra - hei Ya - ra - hei Ha - ra - hei Ya - ra - hei Hei Ku - ma Mi -
ー ーー や ーー ま ーーーー ぐゎ ー
Ya - ma - gwa
ハ ラ ヘィ ヤ ラ ヘィ
Ha - ra - hei Ya - ra - hei
ハ ラ ヘィ ヤ ラ ヘィ ハ ラ ヘィ ヤ ラ ヘィ ハ ラ ヘィ ヤ ラ ヘィ ヘィ く ま み ーーー
Ha - ra - hei Ya - ra - hei Ha - ra - hei Ya - ra - hei Ha - ra - hei Ya - ra - hei Hei Ku - ma Mi -
37
ハ ラ ヘィ ヤ ラ ヘィ ハ ラ ヘィ ヤ ラ ヘィ ハ ラ ヘィ ヤ ラ ヘィ ヤ ー レ ク ーヌーヘィ
Ha - ra - hei Ya - ra - hei Ha - ra - hei Ya - ra - hei Ha - ra - hei Ya - ra - hei Ya - re - ku - nu Hei
れ ーー ー ば ー や ー ま ー ぐゎーー ヤ ーー レ ク ー ヌ ー ー
re - ba Ya - ma - gwa Ya - re - ku - nu
ハ ラ ヘィ ヤ ラ ヘィ ハ ラ ヘィ ヤ ラ ヘィ ハ ラ ヘィ ヤ ラ ヘィ ヤ ー レ ク ーヌーヘィ
Ha - ra - hei Ya - ra - hei Ha - ra - hei Ya - ra - hei Ha - ra - hei Ya - ra - hei Ya - re - ku - nu Hei
れ ーー ー ば ー や ー ま ー ぐゎーー ヤ ーー レ ク ー ヌ ー ー
re - ba Ya - ma - gwa Ya - re - ku - nu
41
mf
ハ ラ ヘィ ヤ ラ ヘィ ハ ラ ヘィ ヤ ラ ヘィ ハ ラ ヘィ ヤ ラ ヘィ ハ ラ ヘィ ヤ ラ ヘィ
Ha - ra - hei Ya - ra - hei Ha - ra - hei Ya - ra - hei Ha - ra - hei Ya - ra - hei Ha - ra - hei Ya - ra - hei
mf
や ま ぐゎー ー べ ーー ー どぅー み ら ー ー りゅ ーーー る
Ya - ma - gwa - be - du Mi - ra - ryu - ru
mf
ハ ラ ヘィ ヤ ラ ヘィ ハ ラ ヘィ ヤ ラ ヘィ ハ ラ ヘィ ヤ ラ ヘィ ハ ラ ヘィ ヤ ラ ヘィ
Ha - ra - hei Ya - ra - hei Ha - ra - hei Ya - ra - hei Ha - ra - hei Ya - ra - hei Ha - ra - hei Ya - ra - hei
mf
や ま ぐゎー ー べ ーー ー どぅー み ら ー ー りゅ ーーー る
Ya - ma - gwa - be - du Mi - ra - ryu - ru

45
f
ヘイ み きょ ーぬ し ーーー まーーーー ぐゎ ー
hei Mi - kyo - nu Shi - ma - gwa
ー
f
ハ ー ハラー へ ーー イ ヤ ーー ラ
Ha Ha-ra - he - i Ya - ra -
f
ヘイ み きょ ーぬ し ーーー まーーーー ぐゎ ー
hei Mi - kyo - nu Shi - ma - gwa
ヘイ
Hei
f
ハ ー ハラー へ ーー イ ヤ ーー ラ
Ha Ha-ra - he - i Ya - ra -
rit. a tempo
49
f mf p mp
ヘイ ヘイ ヘイ ヘイ ヘイ へーイ ヘイ ヤ ラー ヘイ
Hei Hei Hei Hei Hei hei hei Ya - ra - hei
mp
ヘイ ー ハ ラー ヘイ ー
hei Ha - ra - hei
f mf p p
ヘイ ヘイ ヘイ ヘイ ヘイ へーイ ヘイ ヤ ラー ヘイ ー
Hei Hei Hei Hei Hei hei hei Ya - ra - hei
p
ヘイ ー ハ ラー ヘイ ー ー
hei Ha - ra - hei
(accel. →) accel.
53
mf f ff
ー ー ヤ ラー ヘイ ハ ラ ヘイ ヤ ラ ヘイ ハ ラ ヘイ ヘイ み
Ya - ra - hei Ha - ra - hei Ya - ra - hei Ha - ra - hei hei Mi -
mf f
ー ハ ラー ヘイ ー ハ ラ ヘイ ヤ ラ ヘイ ハ ラ ヘイ ヘイ
Ha - ra - hei Ha - ra - hei Ya - ra - hei Ha - ra - hei hei
mf f
ー ヤ ラー ヘイ ー ハ ラ ヘイ ヤ ラ ヘイ ハ ラ ヘイ ヘイ
Ya - ra - hei Ha - ra - hei Ya - ra - hei Ha - ra - hei hei
mf f
ハ ラー ヘイ ー ー ハ ラ ヘイ ヤ ラ ヘイ ハ ラ ヘイ ヘイ
Ha - ra - hei Ha - ra - hei Ya - ra - hei Ha - ra - hei hei

Allegro ♩ = ca. 112
57
f
ff
きょ ぬー ー く ーー し ー なー ん ぎょ ーー な ーーーん や
kyo-nu - ku - shi - na-n Gyo - na - n-ya
ハ ラ ヘィ ヤ ラ ヘィ ハ ラ ヘィ ヤ ラ ヘィ ハ ラ ヘィ ヤ ラ ヘィ ハ ラ ヘィ ヤ ラ ヘィ
Ha-ra-hei Ya-ra-hei Ha-ra-hei Ya-ra-hei Ha-ra-hei Ya-ra-hei Ha-ra-hei Ya-ra-hei
み きょー ぬ く ーー し ー なーん ぎょ ーー な ーーーーん や
Mi-kyo-nu-ku - shi - - - na-n Gyo - na - n-ya
ハ ラ ヘィ ヤ ラ ヘィ ハ ラ ヘィ ヤ ラ ヘィ ハ ラ ヘィ ヤ ラ ヘィ ハ ラ ヘィ ヤ ラ ヘィ
Ha-ra-hei Ya-ra-hei Ha-ra-hei Ya-ra-hei Ha-ra-hei Ya-ra-hei Ha-ra-hei Ya-ra-hei
61
ー ハ ラ ヘィ ヤ ラ ヘィ ハ ラ ヘィ ヤ ラ ヘィ ハ ラ ヘィ ヤ ラ ヘィ
Ha-ra-hei Ya-ra-hei Ha-ra-hei Ya-ra-hei Ha-ra-hei Ya-ra-hei
ハ ラ ヘィ ヤ ラ ヘィ ヘィ にん ぎゃー みーー じ ーー ー ぬー あーん てーんど ーー
Ha-ra-hei Ya-ra-hei hei Nin-gya-mi - ji - nu A-n-te-n-do
ー ハ ラ ヘィ ヤ ラ ヘィ ハ ラ ヘィ ヤ ラ ヘィ ハ ラ ヘィ ヤ ラ ヘィ
Ha-ra-hei Ya-ra-hei Ha-ra-hei Ya-ra-hei Ha-ra-hei Ya-ra-hei
ハ ラ ヘィ ヤ ラ ヘィ ヘィ にん ぎゃー みーー じ ーー ー ぬー あーん てーんど ーー
Ha-ra-hei Ya-ra-hei hei Nin-gya-mi - ji - nu A-n-te-n-do
65
mf
ハ ラ ヘィ ヤ ラ ヘィ ヤ ー レ ク ーヌーヘィ ハ ラ ヘィ ヤ ラ ヘィ ハ ラ ヘィ ヤ ラ ヘィ
Ha-ra-hei Ya-ra-hei Ya - re-ku-nu Hei Ha-ra-hei Ya-ra-hei Ha-ra-hei Ya-ra-hei
ヤ ーーレ クーヌー ー う と ふー ー る ーー ー るー
Ya - re-ku-nu U-to Fu - ru - ru
ハ ラ ヘィ ヤ ラ ヘィ ヤ ー レ ク ーヌーヘィ ハ ラ ヘィ ヤ ラ ヘィ ハ ラ ヘィ ヤ ラ ヘィ
Ha-ra-hei Ya-ra-hei Ya - re-ku-nu Hei Ha-ra-hei Ya-ra-hei Ha-ra-hei Ya-ra-hei
ヤ ーーレ クーヌー ー う と ふー ー る ーー ー るー
Ya - re-ku-nu U-to Fu - ru - ru

69
ff
ハ ラ ヘィ ヤ ラ ヘィ ハ ラ ヘィ ヤ ラ ヘィ ヘィ う り ーし あ ーーー め ーーー
Ha - ra - hei Ya - ra - hei Ha - ra - hei Ya - ra - hei hei U - ri - shi A - me -
ff
つ ーーーーーーー や ー う り ーし あ ーーー め ーーー
Tsu - - - - - ya U - ri - shi A - me -
ハ ラ ヘィ ヤ ラ ヘィ ハ ラ ヘィ ヤ ラ ヘィ ヘィ
Ha - ra - hei Ya - ra - hei Ha - ra - hei Ya - ra - hei hei
つ ーーーーーーー や ヘィ
Tsu - - - - - ya hei
73
p
さ ー ハ ラ ヘィ ヤ ラ ヘィ ハ ラ ヘィ ヤ ラ ヘィ
sa Ha - ra - hei Ya - ra - hei Ha - ra - hei Ya - ra - hei
p
さ ー ハ ラ ヘィ ヤ ラ ヘィ ハ ラ ヘィ ヤ ラ ヘィ
sa Ha - ra - hei Ya - ra - hei Ha - ra - hei Ya - ra - hei
ff p
ハ ー ハラー ヘ ーー イ ヤ ーー ラ ヘィ ハ ラ ヘィ ヤ ラ ヘィ
Ha Ha - ra - he - i Ya - ra - hei Ha - ra - hei Ya - ra - hei
ff p
ハ ー ハラー ヘ ーー イ ヤ ーー ラ ヘィ ハ ラ ヘィ ヤ ラ ヘィ
Ha Ha - ra - he - i Ya - ra - hei Ha - ra - hei Ya - ra - hei
77
cresc. ff sub. p
ハ ラ ヘィ ヤ ラ ヘィ ハ ラ ヘィ ヤ ラ ヘィ ハ ラ ヘィ ヤ ラ ヘィ ハ ラ ヘィ ヤ ラ ヘィ
Ha - ra - hei Ya - ra - hei Ha - ra - hei Ya - ra - hei Ha - ra - hei Ya - ra - hei Ha - ra - hei Ya - ra - hei
cresc. ff sub. p
ハ ラ ヘィ ヤ ラ ヘィ ハ ラ ヘィ ヤ ラ ヘィ ハ ラ ヘィ ヤ ラ ヘィ ハ ラ ヘィ ヤ ラ ヘィ
Ha - ra - hei Ya - ra - hei Ha - ra - hei Ya - ra - hei Ha - ra - hei Ya - ra - hei Ha - ra - hei Ya - ra - hei
cresc. ff sub. p sempre p
ハ ラ ヘィ ヤ ラ ヘィ ハ ラ ヘィ ヤ ラ ヘィ ヘ ーィ み
Ha - ra - hei Ya - ra - hei Ha - ra - hei Ya - ra - hei Hei Mi -
cresc. ff sub. p
ハ ラ ヘィ ヤ ラ ヘィ ハ ラ ヘィ ヤ ラ ヘィ ヘ ー
Ha - ra - hei Ya - ra - hei Ha - ra - hei Ya - ra - hei Hei

81
ハ ラ ヘイ ヤ ラ ヘイ ハ ラ ヘイ ヤ ラ ヘイ ハ ラ ヘイ ヤ ラ ヘイ
Ha - ra - hei Ya - ra - hei Ha - ra - hei Ya - ra - hei Ha - ra - hei Ya - ra - hei
ハ ラ ヘイ ヤ ラ ヘイ ハ ラ ヘイ ヤ ラ ヘイ ハ ラ ヘイ ヤ ラ ヘイ
Ha - ra - hei Ya - ra - hei Ha - ra - hei Ya - ra - hei Ha - ra - hei Ya - ra - hei
ー きょ ぬ く ー し や ー ま ー
- kyo - nu - ku - - - - shi Ya - ma - -
ー ー ー
84
ハ ラ ヘイ ヤ ラ ヘイ ハ ラ ヘイ ヤ ラ ヘイ ハ ラ ヘイ ヤ ラ ヘイ
Ha - ra - hei Ya - ra - hei Ha - ra - hei Ya - ra - hei Ha - ra - hei Ya - ra - hei
ハ ラ ヘイ ヤ ラ ヘイ ハ ラ ヘイ ヤ ラ ヘイ ハ ラ ヘイ ヤ ラ ヘイ
Ha - ra - hei Ya - ra - hei Ha - ra - hei Ya - ra - hei Ha - ra - hei Ya - ra - hei
な ー ー ー ん や ー ー
na - n - ya
ー ー ーイ
87
mf
ハ ラ ヘイ ヤ ラ ヘイ
Ha - ra - hei Ya - ra - hei
repeat x times
次第に無声化する
These will be voiceless sounds little by little
<senza rit.>
pp
ppp
ハ ラ ヘイ ヤ ラ ヘイ ヘイ ヘイ
Ha - ra - hei Ya - ra - hei Hei hei
Hum.

沖永《おきのえ》良《ら》部《ぶ》の子守歌

〽泣くなくな　童《わらび》　誰《た》が泣きでぃ言《い》ちよ
吾守《わがむ》らば眠《にぶ》り　ヨーヒヨ童
〽眠《にぶ》りでぃどぅ言ちゃる　誰が泣きでぃ言ちよ
泣かなしゅてぃ太でぃり　花ぬ童
〽汝《うら》がいきゃん泣ちゃんてぃ　汝親《うらうや》ぬ聞きゅみ
吾《わぬ》どぅ親なとぅてぃ　汝《うら》む守《む》る
〽石《いし》ぬ上《うい》に砂置《みちゃう》いてぃ　砂《みちゃ》ぬ上《うい》に　花植《う》いてぃ
其《うり》が花《はな》　咲かば　吾子《わくわ》に呉《く》りら
〽泣くなくな　蔵人《くらひゃ》ぬ子《くわ》
泣くなくな　筆子《てぃぐ》ぬ子《くわ》
御蔵米《うずめ》とぅてぃ来《き》ちョ　餉《け》焚《た》ち食《こ》しゅんど

泣くな　泣くな　子供よ　誰が泣けと言ったか
私がお守してあげるから眠ってよ　ヨーヒヨ　子供よ

眠ってと言ってるのに　誰が泣けと言ったか
泣かずに大きくなりなさい　花の子供よ

おまえがいくら泣いたとてお前の親は聞いてくれない
わたしが親のかわりになって　おまえを守ってやるからさ
石の上に砂を置いて　砂の上に花を植えて
その花が咲いたなら　わが子にあげよう
泣くな　泣くな　蔵人（役人）の子よ
泣くな　泣くな　筆人（役人）の子よ
お蔵米を取ってきて　ご飯を焚いて食べさせてあげるから

三京《みきょ》ぬ後《くし》

〽三京ぬ後山なんや　一声《ちゅくい》鳴きゅる鳥ぐゎ
ヤレクヌ
声《くい》や聞きゃれども　姿《しがたみ》見りならぬ
ハラヘイ　ヤラヘイ
〽彼方《あま》見れば山ぐゎ　此《くま》見《み》れば山ぐゎ
山ぐゎべどぅ見らりゅる　三京ぬしまぐゎ
〽三京ぬ後　なん川《ぎょ》なんや　苦水《にんぎゃみじ》ぬあんてんど
夫《うと》振る女《つや》　其《うり》し浴《あ》めさ

三京のうしろには山があり、一声鳴く鳥がいる
ヤレクヌ
声は聞こえるけれども、姿が見えない
ハラヘイ　ヤラヘイ
あちらをみれば山　こちらをみても山
山しか見ることができないのが、三京のあたりだ
三京のうしろには、なん川があり、苦い水がながれている
夫を振るような女は　そこで浴みさせろ

＊若干歌詞との違いがあります。

奄美諸島の四つの島歌

さいさい節（酒酒節）

（囃）サイサイサイ　サイ持《ム》チ来《ク》　飲《ヌ》デ遊《アシ》バ
〽酒《さき》も飲《ぬ》み里前《さとぅめ》スリー　遊女《ずり》も呼《ゆ》び里前《さとぅめ》
（囃）サイサイサイ　サイ持チ来　飲デ遊バ
〽二、三十ぬ頃《くる》にスリー　死にや如何《ちゃ》しゅうが
（囃）サイサイサイ　サイ持チ来　飲デ遊バ
〽がに美味《ま》さる御酒《うざき》　スリー　吾《わ》一人《ちゅり》飲《ぬ》まりゆみ
愛《かな》しゃあぬ友達《どし》と　寄《い》よてぃ飲もや
〽酒飲でぃむ八十　飲まだなむ八十
酒飲でぃぬ八十　増《まし》やあらに

酒、酒、酒を持って来て飲んで騒ごうよ。

酒飲もうぜ、遊女も呼ぼうぜ、だんな。
二十や三十歳の若さで死んでしまったらどうするよ?

こんなにうまい酒、一人で飲んじまうよりは
やっぱり仲のよい友達と集まって飲んだ方がいい。

酒を飲んだって八十年の命。
飲まなくたって八十年の命。
いいか、飲んだって八十年の命。
同じならば、飲んだ方がずっとまし。

塩道長浜節《しゅみちながはまぶし》

〽エレー塩道長浜なんてヨーハレーヌ
童《わらべ》泣きしゅすぃやエンヤーレヌ
トヨイ　トヨイ
〽エイー其《うり》ゆ誰故《たるゆい》ちばヨーハレーヌ
汗肌《あせはだ》ぬけさまてぃヨイエンヤーレヌ
トヨイ　トヨイ

塩道の長浜で　ヨーハレーヌ
子供のように大泣きしている　エンヤレーヌ
トヨイ　トヨイ
それは　誰の故に?　ヨーハレーヌ
汗肌のけさまつの故だ　ヨイ　エンヤーレヌ
トヨイ　トヨイ

混声合唱のための **奄美諸島の四つの島唄** 松下《まつした》 耕《こう》 作曲

●発行所＝カワイ出版（株式会社 全音楽譜出版社 カワイ出版部）
〒161-0034 東京都新宿区上落合 2-13-3 TEL 03-3227-6286 ／ FAX 03-3227-6296
出版情報 http://editionkawai.jp

●楽譜浄書＝神田屋 ●印刷・製本＝平河工業社

ISBN978-4-7609-1170-7

1999 年 8 月 1 日 第 1 刷発行
2024 年11月 1 日 第 36 刷発行